[illegible]PE INTERPARLEMENTAI[illegible]

DE L'ARBITRAGE INTERNATIONAL

Le Groupe français de l'Arbitrage International et l'Union Interparlementaire

(Mars 1912)

[illegible]RIE CH. [illegible]

CONCILIATION INTERNATIONALE

EXTRAIT DES STATUTS

L'Association, dite *Conciliation Internationale*, a pour objet de développer la prospérité nationale à la faveur des bonnes relations internationales, et d'organiser ces bonnes relations sur une base permanente et durable.

Elle a son siège :

à Paris : 78 bis, Avenue Henri-Martin (16e).

à Berlin : 84, Kayserdam, Charlottenbourg, Westend.

à New-York : Sub-Station 84.

à Bruxelles : Office central des institutions internationales, 3 bis, rue de la Régence ;

à Londres ;

à Tokyo : Dr Tsunejiro Miyaoka, 1, Kagacho, Kyobashiku, Tokyo ;

à Odessa (Russie) : M. J. Novicow, 8, rue Jouboski ;

à Vienne : M. Alfred H. Fried, 5, Wiederhoferstrasse, Vienne ;

en Italie : M. Edoardo Giretti, Docteur en Droit à Bricherasio ;

à Madrid : Don Bienvenido Oliver.

à Constantinople : Suleiman Bustany Effendi, membre du Sénat ottoman ;

à Kristiana, à Buenos-Ayres, à Rio-Janeiro, à Saint-Pétersbourg, (en formation).

Les principaux moyens d'action par lesquels elle se propose de réaliser son œuvre sont les suivants : Éducation de l'opinion. Développement de l'arbitrage. Rectification des informations tendancieuses. Revue Internationale. Publications, conférences, congrès, auditions, expositions. Diffusion des langues étrangères, Échange de visites internationales entre Parlements, commerçants, étudiants, associations scientifiques, artistiques, ouvrières, professionnelles. Missions et expéditions scientifiques. Fondation de prix et de bourses de voyage. Échange international d'enfants, d'élèves, de professeurs, d'ouvriers. Création, en dehors de tout esprit de parti, d'une *Maison des Étrangers*, centre de relations entre les personnalités d'élite du monde entier.

S'adresser pour tous renseignements, adhésions, etc., 78 bis, *Avenue Henri-Martin, Paris* XVIe. — Téléphone 672.88. Télégrammes CONCILIA Paris.

Pro Patria per orbis Concordiam

GROUPE INTERPARLEMENTAIRE FRANÇAIS

DE L'ARBITRAGE INTERNATIONAL

Le Groupe français de l'Arbitrage International et l'Union Interparlementaire

(Mars 1912)

LIBRAIRIE CH. DELAGRAVE

15, RUE SOUFFLOT, PARIS

1912

PRÉFACE

* *

On nous demande souvent quels sont les statuts, la composition, le bureau, le budget, le bilan d'activité de notre Groupe de l'arbitrage.

On nous demande aussi comment notre Groupe se rattache à l'Union interparlementaire et ce qu'est l'Union interparlementaire.

Pour répondre à ces questions, nous publions en fascicule spécial cette brochure, laquelle ne fait que reproduire des indications antérieures, éparses dans nos précédents bulletins et dans l'annuaire de l'Union.

Notre Groupe n'a pas à proprement parler de statuts, mais en revanche il a un programme qu'il a suivi depuis dix ans sans se faire la moindre illusion, sans prétendre supprimer la guerre comme par enchantement, mais avec une méthode et une ténacité peu communes ;

le progrès de nos idées a été tel que la pratique de l'arbitrage est aujourd'hui entrée dans les mœurs de notre temps, alors qu'elle passait pour chimérique quand nous nous sommes constitués.

A l'origine, notre Groupe est resté distinct de la branche française de l'Union fondée par F. Passy puis présidée par l'honorable M. E. Labiche, mais, la fusion s'est faite, les membres — d'ailleurs peu nombreux — de la branche française de l'Union étant également inscrits à notre Groupe.

Quant à l'Union internationale où doivent se fédérer tous les Groupes nationaux, elle a son siège permanent et son Secrétariat général dirigé par M. Ch. L. Lange, en Belgique, 251, Avenue de Longchamps, Uccle-Bruxelles ; elle publie son annuaire, lequel est en partie composé, ou devra être composé de la collection des annuaires plus ou moins bien tenus, plus ou moins même existants jusqu'ici, des groupes de tous les Parlements représentés dans l'Union.

Cet annuaire très important constituera en fait le tableau comparatif des progrès de notre cause dans les différents pays. Nous souhaitons que, pour être tout à fait démonstratif, il comprenne un jour des cartes-graphiques analogues à celles que nous avons fait dresser pour la France et qui figurent dans la présente brochure ; elles font ressortir le fort et le faible, non seulement des divers pays, mais des diverses régions de chaque pays. Il faut prévoir que si l'annuaire de l'Union doit paraître chaque année, il n'en pourra être de même pour les annuaires nationaux de chaque pays, pour plusieurs motifs : 1° Les changements essentiels ne se produisent qu'après chaque élection générale ; 2° Les changements survenant au cours des sessions n'étant pas assez importants pour justifier le travail et la dépense d'une réimpression, les Groupes n'ont en somme à leur disposition qu'un personnel de volontaires et des budgets nécessairement des plus modestes, sous peine de faire dans leurs rangs des vides trop justifiés par des charges innombrables.

En dehors de nos cotisations annuelles fixées à 5 francs par membre, — seules les dépenses exceptionnelles, voyages, manifestations, etc., sont payées sur ressources exceptionnelles c'est-à-dire par souscriptions individuelles ; — toutes les fonctions des membres du Bureau et du Secrétariat ont toujours été remplies gratuitement.

E. C.

PREMIÈRE PARTIE

o o o

Le Groupe Interparlementaire français de l'Arbitrage International

GROUPE INTERPARLEMENTAIRE FRANÇAIS

DE L'ARBITRAGE INTERNATIONAL

❖ ❖ ❖

Extrait du programme adopté dans la séance du 26 Mars 1903

DISCOURS D'INAUGURATION
PRONONCÉ PAR M. D'ESTOURNELLES DE CONSTANT
PRÉSIDENT-FONDATEUR

. . . .

On affecte de croire que, nous, partisans de l'arbitrage, nous prétendons soumettre à cette juridiction toutes les questions et que, sous la menace même de l'invasion, au lieu d'appeler aux armes toutes les forces de la nation, nous irions, suppliants, demander des juges que notre agresseur refuserait !...

Il est temps de mettre les choses au point. Même isolées, les aspirations des partisans de l'arbitrage répondent si bien aux vœux de l'humanité qu'elles trouvent déjà de l'écho : mais elles seront irrésistibles aussitôt qu'elles seront groupées. Ce groupement s'accomplit dans tous les pays qui progressent. En France, il est déjà tardif. C'est pourquoi je vous ai proposé, Messieurs, de nous réunir ici, tous animés d'un même esprit, d'une bonne volonté vraiment patriotique et supérieure, oubliant ce qui nous divise pour ne songer qu'à ce qui nous unit, et de former un groupe composé de tous les députés favorables au développement de l'arbitrage.

Nous sommes ici pour dissiper toute équivoque, volontaire ou involontaire ; pour affirmer et pour démontrer que, loin d'être des rêveurs, des philosophes ou des « sans patrie », nous avons pleine conscience de notre devoir et de notre responsabilité, en poursuivant pour la France une politique aussi claire, aussi prudente, positive et pleine de promesses, que la politique actuelle de l'Europe est obscure, grosse d'équivoques et de dangers.

Nous sommes ici pour affirmer que nous n'oublions rien du passé, mais que nous pensons également à l'avenir. Nous ne voulons pas d'une paix humiliée et précaire. Nous ne voulons pas faire de la France, prématurément désarmée, une victime et une proie ; nous la voulons, au contraire, plus forte, moins exposée, et plus prospère qu'à l'heure actuelle.

Pour aboutir à un résultat positif, nous aurons soin de limiter rigoureusement notre tâche. La paix universelle et le désarmement simultané resteront à jamais des rêves si la science, la méthode la plus rigoureuse et la plus patiente ne s'appliquent pas à chercher, à trouver et à définir les moyens d'en hâter la réalisation. Déjà, on peut affirmer que le désarmement ne sera que le dernier terme de l'évolution pacifique. Entre ce dernier terme et nos aspirations présentes combien d'étapes successives restent à franchir, sans qu'on puisse en doubler aucune ? Nul ne pourra songer au désarmement avant d'avoir essayé, au préalable, l'effet d'une réduction progressive des armements : et cette réduction elle-même sera nécessairement précédée par la limitation, la non augmentation des armements. Mais cette limitation suppose déjà de grands changements dans les relations des Puissances et ces changements devront être consacrés par des traités. Ces traités, impliquant des échanges de concessions réciproques, motivées par le respect de la justice et par la conscience d'une solidarité nouvelle entre les divers Etats contractants, ne pourront être menés à bonne fin, ni même négociés, sans une pénétrante préparation de l'opinion. C'est cette période de préparation que nous avons à abréger le plus possible et c'est à quoi doit se limiter, quant à présent, notre effort pour être efficace.

Ainsi compris, notre programme devient très simple, très net : nous n'avons qu'un but, généraliser la pratique de l'arbitrage international, amener les Gouvernements à résoudre raisonnablement et honorablement, non pas tous les conflits, mais le plus grand nombre possible de leurs conflits par les voies de droit ; étendre aux relations de peuple à peuple les progrès lentement mais définitivement obtenus déjà dans les relations d'homme à homme, de commune à commune, de province à province dans un même pays. Les moyens d'action ne nous manqueront pas pour arriver à ce résultat.

Nous commencerons par dresser la liste de tous les pays, et ils sont nombreux, avec lesquels nous pourrions signer sans inconvénient des conventious générales d'arbitrage, et nous soumettrons cette liste au Gouvernement, car *l'article 19 de la Convention de La Haye impose, à cet égard, une véritable obligation morale aux 26 Gouvernements signataires.*

Par l'entremise de nos amis de l'Union interparlementaire nous entretiendrons des rapports suivis avec les groupes analogues au nôtre à l'étranger.

Les Sociétés françaises d'arbitrage qui poursuivent avec tant d'abnégation leur œuvre souvent ingrate, en dehors du Parlement, pourront désormais s'appuyer sur nous, tout en nous prêtant leur concours, et régler leur propagande éducatrice d'après nos progrès. Leur action et la nôtre sur l'opinion d'une part, sur les pouvoirs publics d'autre part, seront d'autant plus puissantes qu'elles seront mieux concertées et qu'il n'y aura plus ainsi aucune bonne volonté perdue dans cette voie.

Le Gouvernement, hésitant jusqu'à ce jour à exécuter ses engagements de La Haye, devra tenir compte de notre insistance, pour changer enfin d'attitude. *Nous verrons cesser ce scandale d'une Cour internationale d'arbitrage ostensiblement et solennellement ouverte par la volonté de tous, mais, en réalité, fermée par un retour tacite de ces mêmes volontés.*

Nous étudierons, le cas échéant et selon les circonstances, dans quelle mesure les prescriptions novatrices de l'article 27 pourront être observées et comment la grande idée française d'un *devoir international* pourra trouver peu à peu sa sanction dans le monde entier.

Ainsi la France, loin d'être humiliée, compromise ou affaiblie par son attachement au principe de l'arbitrage, y puisera au contraire une force, une source de prestige et d'autorité nouvelles : elle ne laissera plus à la République des Etats-Unis le privilège de donner seule son exemple à l'Univers ; les autres nations Européennes ne tarderont pas à la prendre une fois de plus pour guide.

Nous pourrons nous honorer, Messieurs, d'avoir su comprendre l'élévation, le bienfait et la portée d'une telle mission. Nos fils, plus tard, nous sauront gré de ne pas l'avoir déclinée, car nous allègerons les difficultés qui s'accumulent pour eux à l'horizon.

Liste des Membres et composition du Bureau au 15 Janvier 1912 (1)

o o

Présidents d'honneur

M. ARMAND FALLIÈRES, ancien Président du Sénat, membre honoraire du Conseil interparlementaire, Président de la 10e Conférence à Paris, 1900.

M. EMILE LOUBET, ancien Président de la République.

MM. M. BERTHELOT †, WALDECK-ROUSSEAU †, LÉON BOURGEOIS, A. DE COURCEL, ALBERT DECRAIS, CH. DE FREYCINET, Sénateurs, P. DESCHANEL, Député.

FRÉDÉRIC PASSY, ancien député, membre honoraire dn Conseil interparlementaire, Président de la première Conférence à Paris, 1889 ; EMILE LABICHE, ancien sénateur, ancien Président du Groupe français de l'Union.

Président Fondateur

M. D'ESTOURNELLES DE CONSTANT, Sénateur.

Vice-Présidents

MM. DE LA BATUT, BOUDENOOT, BAUDIN, ETIENNE FLANDIN, GUÉRIN, GASTON MÉNIER, PEYTRAL, POIRRIER, Sénateurs ;

MM. BEAUQUIER, BERTEAUX †, CLÉMENTEL, J. JAURÈS, Général PÉDOYA, J. SIEGFRIED, Députés.

---

(1) Voir à la seconde partie la composition du Conseil, les statuts et les règlements de l'Union interparlementaire dont notre Groupe de l'arbitrage est la section française.

Secrétaires

MM. Prince D'ALSACE D'HÉNIN, LÉON BARBIER, PH. BERGER, CHASTENET, CODET, CORNET, COUYBA, JÉNOUVRIER, Sénateurs.

MM. AJAM, HENRY CHÉRON, GODARD, LARQUIER, Abbé LEMIRE, MESSIMY, A. MÉTIN, Députés.

Membres du Comité d'Action

MM. LOUIS BAUDET, BIDAULT, BONNEFOY-SIBOUR, CAUVIN, COLIN, DAVID HENRI, EMPEREUR, GERVAIS, GOIRAND, LE ROUX, MOLLARD, NOEL, PAMS, A. PÉRIER, POIRSON, RAMBOURGT, A. RATIER, RIVET, SURREAUX, Sénateurs.

MM. EMILE BENDER, BOUHEY-ALLEX, BOZONET, COUESNON, ROBERT DAVID, DOISY, DUMESNIL, DUTREIL, JAVAL, DE KERGUÉZEC, LA TRÉMOILLE, prince de TARENTE, LEBOUCQ, DES LYONS, MALAVIALLE, MUTEAU, PAINLEVÉ, P. BONCOUR, JOSEPH REINACH, SCHMIDT, Députés.

Questeurs

MM. PEDEBIDOU, TILLAYE, Sénateurs ;

MM. FÉLIX POULLAN, VICTOR MOREL, Députés.

Secrétariat permanent

Secretaire permanent : M. H. FROMAGEOT, jurisconsulte, représentant du Ministère des Affaires étrangères à la deuxième Conférence de La Haye.

Secrétaires-Adjoints : MM. PIOGEY, Commis principal à la bibliothèque du Sénat ; PIERRE JAUDON, Docteur en Droit ; ANTOINE TROUBAT, attaché principal au Sénat ; FRANÇOIS BERGER, attaché aux procès-verbaux du Sénat.

Trésorier : M. WOILLET, attaché à la Questure de la Chambre des Députés.

Anciens membres du Parlement, admis à l'Union interparlementaire par le Conseil de l'Union : MM. LAROZE et L. LE FOYER, anciens députés.

*

MM. les Sénateurs

AGUILLON (Deux-Sèvres) ; J. ANIC (Alpes-Maritimes) ; AIMOND (Seine-et-Oise) ; D'ALSACE D'HÉNIN (Vosges) ; ASTIER (Ardèche).

BARBIER Léon (Seine) ; BASIRE (Manche) ; BAUDET Louis (Eure-et-Loir) ; BAUDIN (Ain) ; BEAUPIN (Nièvre) ; BEAUVISAGE (Rhône) ; BELLE (Indre-et-Loire) ; BEPMALE (Haute-Garonne) ; BERENGER Henry (Guadeloupe) ; BERGER Philippe (Haut-Rhin) ; BERSEZ (Nord) ; BESNARD (Yonne) ; BIDAULT (Indre-et-Loire) ; BIENVENU-MARTIN (Yonne) ; BOIVIN-CHAMPEAUX (Calvados) ; BONNEFOY-SIBOUR (Gard) ; BONNELAT (Cher) ; BOUDENOOT (Pas-de-Calais) ; BOURGEOIS Léon (Marne) ; BUTTERLIN (Doubs).

CANNAC Emile (Aveyron) ; CAUVIN (Somme) ; CAZENEUVE (Rhône) ; CHAMBIGE (Puy-de-Dôme) ; CHABERT (Drôme) ; CHAPUIS (Meurthe-et-Moselle) ; CHASTENET (Gironde) ; CHAUMIÉ (Lot-et-Garonne) ; CHAUTEMPS Emile (Haute-Savoie) ; COCULA (Lot) ; CODET Jean (Haute-Vienne) ; COLIN (Alger) ; COMBES (Charente-Inférieure) ; CORNET (Yonne) ; DE COURCEL (Seine-et-Oise) ; COUYBA (Haute-Saône).

DAVID Henry (Loir-et-Cher) ; DEBIERRE (Nord) ; DECRAIS (Gironde) ; DEFUMADE (Creuse) ; DELHON

(Hérault) ; Destieux-Junca (Gers) ; Doumergue (Gard) ; Dubost Antonin (Isère) ; Dupont Emile (Oise) ; Dupuy Jean (Hautes-Pyrénées).

Empereur (Savoie) ; Ermant (Aisne) ; d'Estournelles de Constant (Sarthe).

Fagot (Ardennes) ; Fenoux Maurice (Finistère) ; Ferdinand Dreyfus (Seine-et-Oise) ; Fiquet (Somme) ; Flaissières (Bouches-du-Rhône) ; Flandin Etienne (Inde) ; Forichon (Indre) ; Forsans (Basses-Pyrénées) ; de Freycinet (Seine).

Gabrielli (Corse) ; Gacon (Allier) ; Gauthier (Aude) ; Gauvin (Loir-et-Cher) ; Genet (Charente-Inférieure) ; Genoux (Haute-Saône) ; Gervais (Seine) ; Goirand (Deux-Sèvres) ; Gouzy (Tarn) ; Grosjean (Doubs) ; Guérin (Vaucluse) ; Guillemaut (Saône-et-Loire) ; Guillier (Dordogne).

Hayez (Nord) ; Hémon (Finistère) ; Hubert (Ardennes) ; Huguet (Pas-de-Calais) ; Humbert Charles (Meuse).

Jeannenay (Haute-Saône) ; Jénouvrier (Ille-et-Vilaine) ; Joufray (Isère).

Knight (Martinique).

De La Batut (Dordogne) ; Labbé (Orne) ; Lebert (Sarthe) ; Lecomte Maxime (Nord) ; Lemarié (Ille-et-Vilaine) ; Le Roux (Vendée) ; Leygue Honoré (Haute-Garonne) ; Leygue Raymond (Haute-Garonne) ; Lhopiteau (Eure-et-Loir) ; Limouzain-Laplanche (Charente) ; Lintilhac (Cantal) ; Louis Blanc (Drôme) ; Lozé (Nord).

Magnien (Saône-et-Loire) ; Louis Martin (Var) ; Martinet (Cher) ; Mascuraud (Seine) ; Maujan (Seine) ; Maureau Achille (Vaucluse) ; Mazière

(Creuse) ; MENIER Gaston (Seine-et-Marne) ; MERCIER Jules (Haute-Savoie) ; MESSNER (Côte-d'Or) ; MICHEL Henry (Basses-Alpes) ; MILLAUD (Rhône) ; MILLIÈS-LACROIX (Landes) ; MOLLARD (Jura) ; MONIS (Gironde) ; MOREL Jean (Loire) ; MOUGEOT (Haute-Marne) ; A. MULAC (Charente) ; G. MURAT (Ardèche).

NÈGRE (Hérault) ; NOEL (Oise).

PAMS (Pyrénées-Orientales) ; PÉDEBIDOU (Hautes-Pyrénées) ; PELLETAN (Bouches-du-Rhône) ; PERCHOT (Basses-Alpes) ; G. PERREAU (Charente-Inférieure) ; PETITJEAN (Nièvre) ; PEYROT (Dordogne) ; PEYTRAL (Bouches-du-Rhône) ; A. PHILIPOT (Côte-d'Or) ; PICHON Stephen (Jura) ; PIC-PARIS (Indre-et-Loire) ; PINAULT (Ille-et-Vilaine) ; POIRRIER (Seine) ; POIRSON (Seine-et-Oise) ; POTIÉ (Nord) ; POULLE Guillaume (Vienne).

RAMBOURGT (Aube) ; RANSON (Seine) ; RATIER (Indre) ; RAYMOND Th. (Haute-Vienne) ; RÉVEILLAUD (Charente-Inférieure) ; REY Emile (Lot) ; REYMOND (Loire) ; REYMONENCQ (Var) ; RINGOT (Pas-de-Calais) ; RIOTTEAU (Manche) ; RIVET (Isère) ; ROUBY (Corrèze) ; ROUSÉ (Somme).

SABATERIE (Puy-de-Dôme) ; SAINT-GERMAIN (Oran) ; DE SAINT-QUENTIN (Calvados) ; SANCET (Gers) ; SAUVAN (Alpes-Maritimes) ; SCULFORT (Nord) ; SIMONET (Creuse) ; STRAUSS (Seine) ; SURREAUX (Vienne).

THOUNENS (Gironde) ; TILLAYE (Calvados) ; TROUILLOT (Jura) ; TRYSTRAM (Nord).

VACHERIE (Hte-Vienne) ; VALLÉ (Marne) ; VIDAL DE SAINT-URBAIN (Aveyron) ; VIEU (Tarn) ; VILLE (Allier) ; A. VINCENT (Ardèche) ; VINET (Eure-et-Loir).

WADDINGTON Richard (Seine-Inférieure).

MM. les Députés

Adriani Louis (Corse) ; Ajam (Sarthe) ; Alasseur (Loiret) ; Aldy (Aude) ; Amiard (Seine-et-Oise) ; Andrieu (Tarn) ; Andrieux (Basses-Alpes) ; Aristide Briand (Loire) ; Armez (Côtes-du-Nord) ; Aubriot Paul (Seine) ; Aynard (Rhône).

Babaud-Lacroze (Charente) ; Bachimont (Aube) ; Baduel (Cantal) ; Balitrand (Aveyron) ; Ballande (Gironde) ; Bard Fernand (Pas-de-Calais) ; Barthe (Hérault) ; Barthou (Basses-Pyrénées) ; Baudet Ch. (Côtes-du-Nord) ; Beauquier (Doubs) ; Bénazet (Indre) ; Bender Emile (Rhône) ; Berniolle (Aube) ; Berthod A. (Jura) ; Bertrand Lucien (Drôme) ; Besnard (Indre-et-Loire) ; Bignon Paul (Seine-Inférieure) ; Binet François (Creuse) ; Blanchard (Haute-Vienne) ; Boissel Victor (Mayenne) ; Boissel-Dombreval (Manche) ; Borrel (Savoie) ; Bouffandeau (Oise) ; Bouhey-Allex (Côte-d'Or) ; Bourély (Ardèche) ; Bourguet (Gard) ; Boutaut (Haute-Loire) ; Bouttié (Sarthe) ; Bouveri (Saône-et-Loire) ; Bouyssou (Landes) ; Bozonet (Ain) ; Braibant (Ardennes) ; Brard (Morbihan) ; Brenier (Isère) ; Breton J.-L. (Cher) ; Briquet Raoul (Pas-de-Calais) ; Brizon (Allier) ; Brousse Emmanuel (Pyrénées-Orientales) ; Jules Brunet (Dordogne) ; Louis Brunet (Seine) ; Buisson Ferdinand (Seine).

Cabrol (Aveyron) ; Caillaux (Sarthe) ; Camuzet (Côte-d'Or) ; Carnot François (Côte-d'Or) ; Cazauvieilh (Gironde) ; Ceccaldi (Aisne) ; Cels (Lot-et-Garonne) ; Charles Chabert (Drôme) ; Chalamel (Ardèche) ; de Chambrun (Lozère) ; Chapuis (Jura) ;

Charles (Côte-d'Or) ; Chassaing (Puy-de-Dôme), Chaulin-Servinière (Mayenne) ; Chaumet (Gironde) ; Chaussier (Saône-et-Loire) ; Chautemps Alphonse (Indre-et-Loire) ; Chautemps Félix (Savoie) ; Chavet (Saône-et-Loire) ; Chenal Amédée (Seine) ; Chéron (Calvados) ; Chopinet (Oise) ; Clament (Dordogne) ; Clémentel (Puy-de-Dôme) ; Colliard (Rhône) ; Colly (Seine) ; Combrouze (Gironde) ; Compère-Morel (Gard) ; Constans Emile (Gironde) ; Coreil (Var) ; Cosnier (Indre) ; Couesnon (Aisne) ; Coutant Jules (Seine) ; Cruppi (Haute-Garonne) ; Cuny (Vosges) ; Cuttoli (Constantine).

Dalbiez (Puy-de-Dôme) ; Dalimier (Seine-et-Oise) ; Damour (Landes) ; Dansette (Nord) ; Dariac (Orne) ; David (Dordogne) ; David Fernand (Haute-Savoie) ; Debaune (Cher) ; Defontaine (Nord) ; Dejeante Jean (Seine) ; Delaroche-Vernet (Loire-Inférieure) ; Deléglise (Savoie) ; Delelis-Fanien (Pas-de-Calais) ; Deloncle Charles (Seine) ; Delory (Nord) ; Delpierre (Oise) ; Demellier (Deux-Sèvres) ; Denis A. (Meurthe-et-Moselle) ; Derveloy (Seine-et-Marne) ; Deschanel (Eure-et-Loir) ; Desplas (Seine) ; Dessoye (Hte-Marne) ; Devins (Hte-Loire) ; Dr Doisy (Ardennes) ; Donadeï (Alpes-Maritimes) ; Doussaud (Corrèze) ; Drelon (Marne) ; Dreyt Gaston (Hautes-Pyrénées) ; Drivet (Loire) ; Dron Gustave (Nord) ; Ducarouge (Saône-et-Loire) ; Dufour (Indre) ; Dufrèche (Gers) ; Dumas (Cher) ; Dumesnil (Seine-et-Marne) ; Dumont Charles (Jura) ; Dunaime (Ardennes) ; Dupuy Paulin (Tarn-et-Garonne) ; Dupuy Pierre (Basses-Pyrénées) ; Durafour (Loire) ; Dussevel (Somme) ; Dutreil (Mayenne).

Dr Even (Côtes-du-Nord).

Fabre (Puy-de-Dôme) ; Favre (Haute-Savoie) ;

FAILLIOT (Seine) ; FAYSSAT (Alpes-Maritimes) ; Fernand BRUN (Cantal) ; FERRY Abel (Vosges) ; FITTE (Hautes-Pyrénées) ; DE FOLLEVILLE DE BIMOREL (Seine-Infre) ; FORGEMOL DE BOSQUÉNARD (Seine-et-Marne) ; FOURMENT (Var) ; FOURNIER (Gard) ; FRAYSSINET (Tarn-et-Garonne).

GALLOIS (Ardennes) ; GALLOT (Yonne) ; Dr GANAULT (Aisne) ; GARAT (Basses-Pyrénées) ; G. GÉRALD (Charente) ; GHESQUIÈRE (Nord) ; GILETTE-ARIMONDI (Alpes-Maritimes) ; GIOUX (Maine-et-Loire) ; GIROD (Doubs) ; GODARD Justin (Rhône) ; GONIAUX (Nord) ; GOUDE (Finistère) ; GOUJON (Ain) ; GOURD (Rhône) ; DE GRANDMAISON (Maine-et-Loire) ; Albert GRODET (Guyanne) ; GROSDIDIER (Meuse) ; GROUSSIER (Seine) ; GUERNIER (Ille-et-Villaine) ; GUESDE (Nord) ; GUICHARD (Vaucluse) ; GUIRAUD (Tarn) ; GUISLAIN (Nord) ; GUIST'HAU (Loire-Inférieure).

HAUDOS (Marne) ; HAUET (Aisne) ; HÉRITIER (Ain).

D'IRIART-D'ETCHEPARE (Basses-Pyrénées).

JACQUIER (Haute-Savoie) ; JAURÈS (Tarn) ; Jean JAVAL (Yonne) ; JOLY Antony (Basses-Alpes) ; JOUANCOUX (Somme) ; JUDET (Creuse).

DE KERGUÉZEC (Côtes-du-Nord).

LACHAUD (Corrèze) ; LACOMBE Daniel (Vendée) ; LACOUR (Vaucluse) ; LAFFERRE (Hérault) ; LAGROSILLIÈRE (Martinique) ; LALANNE G. (Landes) ; LAMOUREUX (Allier) ; LANDRY (Corse) ; LANIEL Henri (Calvados) ; LAROCHE (Sarthe) ; LARQUIER (Charente-Inférieure) ; LA TRÉMOILLE, prince de TARENTE (Gironde) ; LAURAINE (Charente-Inférieure) ; LAURENT Emile (Seine-et-Oise) ; LAVAUD (Seine) ; LEBOUCQ (Seine) ; LEBRUN (Meurthe-et-Moselle) ; LECHERPY (Calvados) ; LECOINTE (Somme) ; LEFÈVRE Abel (Eure) ; LEFÈVRE (Bouches-du-Rhône) ;

LEFOL (Côte-d'Or) ; Abbé LEMIRE (Nord) ; LENOIR (Marne) ; LE ROUZIC (Morbihan) ; LEROY Modeste (Eure) ; LORIMY (Seine-et-Marne) ; LOTH (Pas-de-Calais) ; LOUP (Yonne) ; LOUSTALOP (Landes) ; DES LYONS DE FEUCHIN (Somme).

MAGNIAUDÉ (Aisne) ; MAGNIEZ (Somme) ; MAHIEU (Manche) ; MAISON (Puy-de-Dôme) ; MAITRE Henri (Saône-et-Loire) ; MALAVIALLE (Aude) ; MALVY (Lot) ; MANAUT (Pyrénées-Orientales) ; MANDO (Côtes-du-Nord) ; MARIETTON (Rhône) ; MARGAINE (Marne) ; MARQUET (Haute-Vienne) ; MARROU (Puy-de-Dôme) ; MASSÉ (Nièvre) ; MATHIS (Haute-Saône) ; MAUGER (Cher) ; MAUNOURY (Eure-et-Loir) ; MÉQUILLET (Meurthe-et-Moselle) ; MESLIER (Seine) ; MESSIMY (Ain) ; MÉTIN (Doubs) ; Paul MEUNIER (Aube) ; MILLE (Allier) ; MILLERAND (Seine) ; MILLIAUD (Yonne) ; MISTRAL (Isère) ; MOLLE (Hérault) ; MONS (Corrèze) ; MOREL Paul (Haute-Saône) ; MOREL Victor (Pas-de-Calais) ; MORIN (Cher) ; MOUCHEL (Seine-Inférieure) ; MUTEAU (Côte-d'Or) ; MYRENS (Pas-de-Calais).

NAIL Louis (Morbihan) ; NECTOUX (Seine) ; NICOLAS Léandre (Aube) ; NICOLLE (Charente-Inférieure) ; NOGUÈS (Hautes-Pyrénées) ; NOUHAUD (Haute-Vienne) ; NOULENS (Gers).

PAINLEVÉ (Seine) ; PASQUAL (Nord) ; PATUREAU-MIRAND (Indre) ; Paul BONCOUR (Loir-et-Cher) ; PATÉ (Seine) ; PÉCHADRE (Marne) ; Général PÉDOYA (Ariège) ; PÉLISSE Paul (Hérault) ; PÉRET (Vienne) ; PÉRIER Germain (Saône-et-Loire) ; PÉRIER (Vendée) ; PERREAU-PRADIER (Yonne) ; PERRIER (Isère) ; PICARD Camille (Vosges) ; PICHERY (Loir-et-Cher) ; PIÉRANGELI (Corse) ; PYTHON Joseph (Puy-de-Dôme) ; PLISSONNIER (Isère) ; PLOUZANÉ (Finistère) ; PONSOT (Jura) ;

de la Porte (Deux-Sèvres) ; Georges Potié (Nord) ; Poulain Albert (Ardennes) ; Poullan (Alpes-Maritimes) ; Prévot Gabriel-Ellen (Haute-Garonne) ; Puech (Seine).

Rabier (Loiret) ; Raffin-Dugens (Isère) ; Regally (Haute-Saône) ; Rauline (Manche) ; Ravisa (Drôme) ; Raynaud (Charente) ; Razimbaud (Hérault) ; Reinach Joseph (Basses-Alpes) ; Reinach Théodore (Savoie) ; Renard (Nièvre) ; Renoult René (Haute-Saône) ; Réville Marc (Doubs) ; Ribière (Yonne) ; Ringuier (Aisne) ; Rivière (Loir-et-Cher) ; Roblin (Nièvre) ; Roch (Loire-Inférieure) ; Rognon (Rhône) ; Roret (Haute-Marne) ; Rouanet (Seine) ; Rouger (Gard) ; Rougier (Deux-Sèvres) ; Roux-Costadau (Drôme) ; Roy Henry (Loiret) ; Rozier (Seine) ; Ruau (Haute-Garonne).

Sarraut (Aude) ; Sarrazin (Dordogne) ; Sauzède (Aude) ; Schmidt (Vosges) ; Schneider Charles (Haut-Rhin) ; Sembat (Seine) ; Seydoux (Nord) ; Siegfried (Seine-Inférieure) ; Simon (Tarn) ; Simyan (Saône-et-Loire) ; Sireyjol (Dordogne) ; Sixte-Quenin (Bouches-du-Rhône) ; Steeg (Seine) ; Robert Surcouf (Ille-et-Vilaine).

Tarrade (Haute-Vienne) ; Ternois Emile (Somme) ; Thalamas (Seine-et-Oise) ; Théveny (Aube) ; Thierry J. (Bouches-du-Rhône) ; Thierry-Cases (Gers) ; Thivrier (Allier) ; Thomas (Seine) ; Tournan (Gers) ; Toy-Riont (Hautes-Alpes) ; Treignier (Loir-et-Cher) ; Trouin (Oran) ; Turmel (Côtes-du-Nord).

Vaillant (Seine) ; Vazeille (Loiret) ; Veber Adrien (Seine) ; Veillat (Vendée) ; Viard Th. (Hte-Marne) ; Vigne Octave (Var) ; Villault-Duchesnois (Manche) ; Vincent (Nord) ; Violette (Eure-et-Loir) ; Viviani (Creuse) ; Voilin (Seine).

Walter (Seine) ; Willm (Seine).

GROUPE PARLEMENTAIRE FRANÇAIS DE L'ARBITRAGE INTERNATIONAL

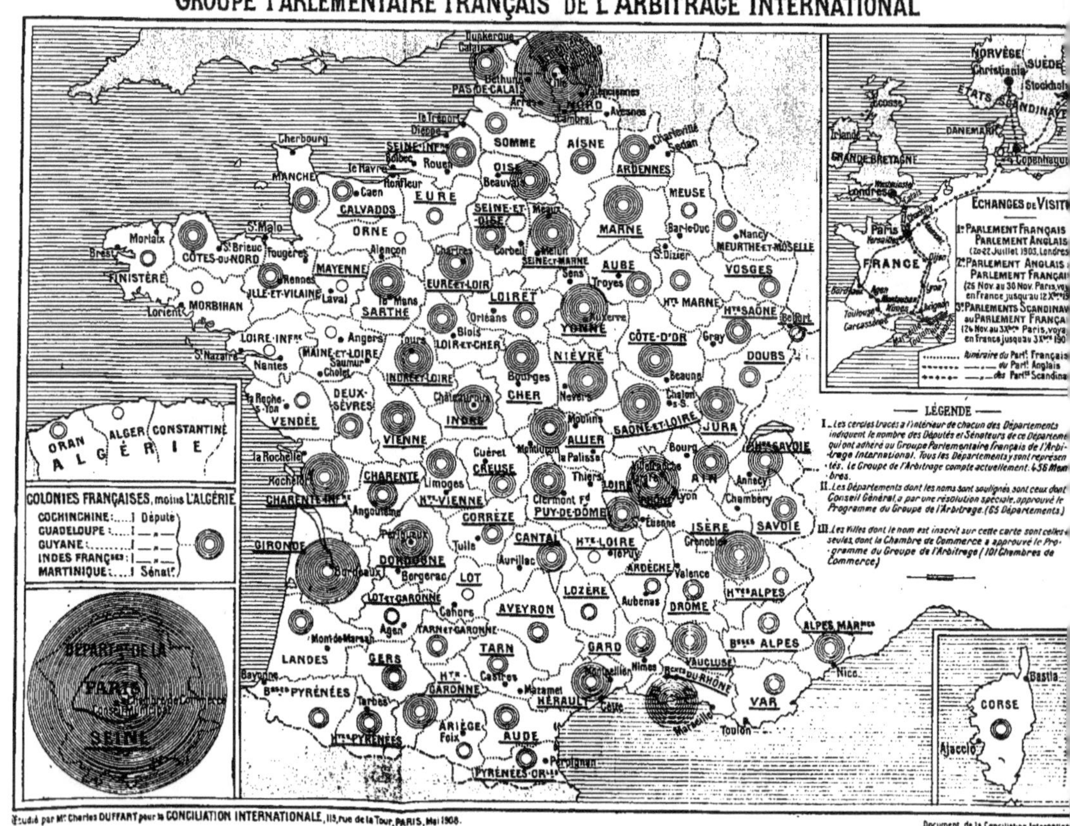

Étudié par Mr Charles DUFFART pour la CONCILIATION INTERNATIONALE, 115, rue de la Tour, PARIS, Mai 1908.

Document de la Conciliation Internationale

GROUPE PARLEMENTAIRE FRANÇAIS DE L'ARBITRAGE INTERNATIONAL

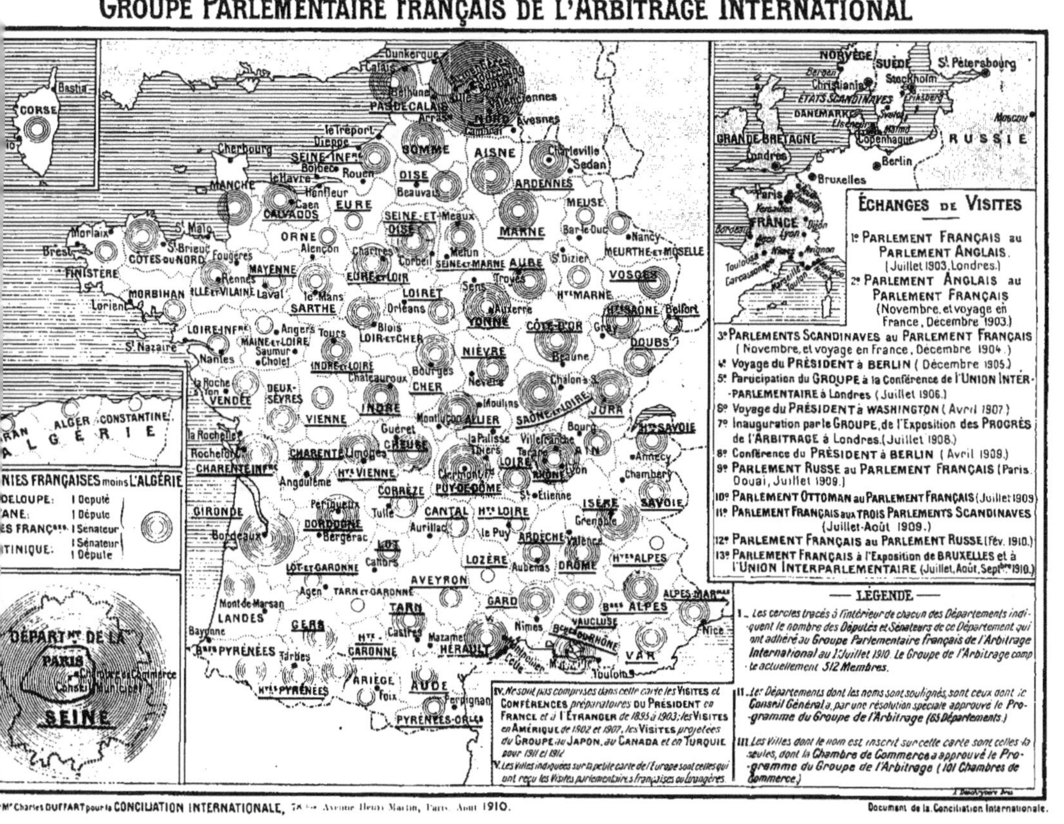

Résumé des procès-verbaux des huit séances tenues pendant l'année 1911 [1]

○ ○ ○

20 Janvier. — Question de l'admission de membres honoraires. — Voyage à Constantinople. — Intervention de M. Colin, député, à la séance du 16 Janvier précédent, en conformité avec les vœux de l'Union Interparlementaire. Approbation.

✢ ✢

31 Janvier. — Réception du Comte Apponyï, Président du Groupe parlementaire Hongrois de l'Arbitrage.

✢ ✢

10 Février. — Remise au Président de la médaille commémorative du Prix Nobel. Compte rendu publié sous forme de plaquette.

---

(1) Le registre des procès-verbaux est entre les mains de M. Fromageot, Secrétaire permanent, chez lequel tout membre du Groupe peut en prendre connaissance.

21 Février. — Voyage à Constantinople. — Réception des Groupes Espérantistes ; réception de M. Sylvain, Ministre d'Haïti ; discussion relative à l'Esperanto et aux vues formulées par M. Novicow sur la langue française. Compte rendu publié dans la collection des bulletins du Groupe sous ce titre : « Pour et contre l'Esperanto ».

* *

20 Juin. — Manifestation d'amitié Franco-Américaine. — Compte rendu du voyage du Président du Groupe aux Etats-Unis. — Projet de voyage au Canada et à Constantinople. — Congrès des races à Londres. — Préparation de la participation du Groupe à la Conférence de l'Union Interparlementaire à Rome en 1911. — Approbation de l'œuvre du Groupe par M. Cruppi, Ministre des Affaires étrangères. — Observations de M. Léon Bourgeois. — Préparation de la IIIe Conférence de la Paix.

* *

4 Juillet. — Remise des vases de Sèvres aux trois représentants des trois Etats Scandinaves. Discours de M. Léon Bourgeois, etc. Compte rendu imprimé et publié par la presse.

14 Novembre. — Réception de M. Eliot, Président d'honneur de l'Université de Harvard (Etats-Unis) et délégué de la Dotation Carnegie. — Action du Groupe relativement au conflit Italo-Turc en Tripolitaine. — Action du Groupe relativement aux négociations Franco-Allemandes à propos du Maroc.

* *

28 Novembre. — Réception solennelle au Sénat de M. Goutchkoff, maire de Moscou. — Suite de la discussion sur l'action du Groupe relativement au conflit Italo-Turc et aux négociations Franco-Allemandes. Approbation.

Situation de la Caisse au 15 Novembre 1910

* *

RECETTES

Solde à nouveau au 1er Janvier 1910.	1.294 f. 00
Cotisations, année 1910..........	1.899 f. 25
Souscriptions et versements divers..	1.660 f. 00
Total des Recettes........	4.853 f. 25

DÉPENSES

Neuf convocations aux séances..... (Le Groupe compte au 15 Novembre 512 Membres).	320 f. 50
Envoi de volumes, brochures, journaux, discours et documents périodiques destinés au Groupe (non compris *La Paix par le Droit*)..	136 f. 10
Abonnement, pour chaque membre du Groupe, à la Revue mensuelle *La Paix par le Droit* (prix exceptionnellement consenti au Groupe, à 1 fr. 16 les douze numéros pour chaque membre)..............	593 f. 00

Frais d'envoi mensuel de cette Revue à chaque membre du Groupe (soit un total d'environ 6.000 envois par an) . . . . 271 f. 45

400 exemplaires de l'*Ère sans violence* (acquis au prix réduit de 0 fr. 50 pour 3 fr. 50) et envoyés aux membres du Groupe . . . . 200 f. 00

Participation annuelle du Groupe aux dépenses de l'Union Interparlementaire . . . . 500 f. 00

Notes de l'imprimeur Charier-Beulay pour contribution à l'impression des bulletins et volumes distribués au Groupe, notamment les visites et réceptions parlementaires, pour l'impression des menus des banquets, cartes d'invitation, programmes et circulaires, résumés des Conférences, appels et bilans du Groupe, listes des membres, cartes et statistiques, tableaux et diagrammes, etc., etc. . . . . 2.100 f. 00

Contribution du Groupe par l'envoi de tableaux, cartes et brochures, à l'Exposition des Progrès de l'Arbitrage et à la Conférence de l'Union Interparlementaire à Bruxelles. Rémunération au cartographe M. Hansen, et au dessinanateur M. Deschryvère pour l'établissement des tableaux des *Progrès de l'Arbitrage* en 1910; frais de voyage de M. Hansen à Bruxelles, etc., etc .... (mémoire)

Remboursement de plusieurs télégrammes officiels, (indépendants des frais généraux de voyage payés personnellement par la délégation du Groupe en Russie et réglés par compte spécial) (3 mars 1910) .... 72 f. 10

Souscription du Groupe à la Fondation Asser..................... 50 f. 00

Un billet aller et retour Paris-Saint-Pétersbourg-Moscou pris par le Bureau pour le Secrétaire permanent du Groupe................ 387 f. 60

Gratifications au personnel de service pour travaux exceptionnels .. 55 f. 00

Total des Dépenses....... 4.685 f. 75

RÉSUMÉ

Montant des Recettes...........	4.853 f. 25
Montant des Dépenses..........	4.685 f. 75
Solde en caisse au 15 Novembre.	167 f. 50

RESTE A PAYER :

1° A l'imprimeur sur le reliquat de son compte.................... (mémoire)

2° Au photograveur Mauge : la contribution du Groupe aux frais de clichés des gravures figurant dans les documents distribués et à distribuer au Groupe et pour le Groupe.. (mémoire)

Compte arrêté et approuvé par le Groupe, dans sa séance du Jeudi 17 Novembre 1910.

Le Trésorier : WOILLET.

Situation de la Caisse au 1er Décembre 1911

* *

RECETTES

Solde à nouveau au 1er Janvier 1911. (y compris le remboursement par l'Union de la souscription de 500 francs versée l'an dernier).	1.605 f. 30
Cotisations, année 1911	1.855 f. 00
Total des Recettes........	3.460 f. 30

DÉPENSES

Huit convocations aux séances ..... (Le Groupe compte au 1er Décembre 1911 515 Membres)	300 f. 35
Abonnement, pour chaque membre du Groupe, à la Revue mensuelle *La Paix par le Droit* (prix exceptionnellement consenti au Groupe, à 1 fr. 16 les douze numéros pour chaque membre).............	627 f. 50
Frais d'envoi mensuel de cette Revue à chaque membre du Groupe (soit un total d'environ 6.000 envois par an)....................	282 f. 25

Envoi à chaque membre du Groupe des bulletins spéciaux concernant l'Arbitrage et la Conciliation Internationales .... 127 f. 90

Envoi de diverses circulaires en vue du voyage à Rome pour la 17e Conférence Interparlementaire projetée pour le 3 Octobre 1911 .. 179 f. 40

Circulaire en vue du voyage à Constantinople (visite ajournée) ...... 38 f. 50

Envoi de volumes, brochures, journaux, discours et documents périodiques divers, destinés au Groupe (non compris *La Paix par le Droit* et les bulletins périodiques). 261 f. 20

Souscription du Groupe à la médaille offerte, en commémoration du Prix Nobel, au Président........ 100 f. 00

Note de l'imprimeur Charier-Beulay pour contribution à l'impression du volume illustré consacré au compte-rendu du voyage de Russie en 1910 .... 300 f. 00

Reliquat du mémoire dû à l'imprimeur Charier-Beulay (26 février 1911) .... 557 f. 70

Reliquat du mémoire du photograveur Mauge (2 mars 1911)...... 328 f. 90

Gratification au personnel de service pour travaux exceptionnels (1er décembre 1911)	60 f. 00
Total des dépenses	3.163 f. 70

RÉSUMÉ

Montant des Recettes.............	3.460 f. 30
Montant des Dépenses	3.163 f. 70
Situation en Caisse au 1er Décembre 1911......................	296 f. 60

Compte arrêté et approuvé par le Groupe, à la Chambre des Députés, dans sa séance du Jeudi 18 Janvier 1912.

Le Trésorier : WOILLET.

DEUXIÈME PARTIE

o o o

L'Union Interparlementaire

Statuts et Réglements

Composition du Conseil en 1912

STATUTS

DE

L'UNION INTERPARLEMENTAIRE

(Revision du 30 août 1910).

I. SON BUT. — SA CONSTITUTION.

Article premier.

L'Union interparlementaire a pour but de réunir dans une action commune les membres de tous les parlements constitués en groupes nationaux, à l'effet de faire reconnaître dans leurs États respectifs, soit par la voie de la législation, soit au moyen de traités internationaux, le principe que les différends entre nations seront soumis à l'arbitrage, comme aussi de traiter d'autres questions de droit international public.

Art. 2.

Jusqu'à décision ultérieure le siège de l'Union interparlementaire est à Bruxelles.

Art. 3.

Dans le parlement de chaque pays est formé un groupe national. Il nomme un Bureau chargé de diriger ses opérations et de correspondre avec le Bureau interparlementaire (IV), et arrête son règlement d'organisation et d'administration. Il remet au Bureau interparlementaire, avant la fin du mois de mars un compte rendu de ses actes et une liste de ses membres.

Art. 4.

Sont admis à faire partie d'un groupe national :

a) Les membres du parlement du pays ;

b) Les anciens membres du Conseil interparlementaire (III) ;

c) Les anciens membres du parlement qui, ayant rendu des services marquants, sont admis à ce titre par le Conseil sur la proposition de leur groupe.

Art. 5.

L'Union interparlementaire attend de ses membres qu'ils pourvoient, autant que faire se peut, à ce que l'objet des décisions prises dans les Conférences interparlementaires (II) soit porté devant leurs parlements. Elle les invite à concourir de tout leur pouvoir au maintien de la paix entre les nations.

II. Conférences interparlementaires.

Art. 6.

L'Union interparlementaire se réunit en Conférence tous les ans, sauf décision contraire, et désigne le siège de sa réunion.

Dans le cas où le groupe du pays désigné pour être le siège de la Conférence viendrait à décliner ce choix, le Conseil interparlementaire prendrait les mesures nécessaires.

Art. 7.

Les convocations sont ordonnées par le Conseil interparlementaire.

Art. 8.

La Conférence est ouverte par le Président du Conseil, ou en cas d'absence, par un président provisoire, que désigne à cet effet le groupe interparlementaire du pays où se réunit la Conférence.

Celle-ci nomme le président définitif, les vice-présidents et scrutateurs.

Art. 9.

La discussion porte sur les objets mis à l'ordre du jour par le Conseil interparlementaire.

Toutes autres motions et propositions ne sont discutées que si la Conférence les prend en considération et en autorise la discussion par un vote à la majorité des deux tiers des voix, après avoir entendu l'avis du Conseil interparlementaire et les explications sommaires des auteurs.

Art. 10.

Les votes ont lieu à mains levées. Le groupe national du pays où la Conférence se réunit ne peut disposer d'un nombre de voix supérieur à celui du groupe qui en a le plus.

Au cas prévu, le groupe national désignera les membres qui auront le droit de voter.

Pour les élections, le vote a lieu au scrutin secret, si vingt membres au moins le demandent.

Art. 11.

Le procès-verbal de la Conférence est déposé aux archives du Bureau interparlementaire, avec toutes les pièces distribuées.

III. Conseil interparlementaire.

Art. 12.

Le Conseil interparlementaire se compose de deux membres par groupe national régulièrement constitué, désignés au moins un mois avant l'ouverture de la Conférence par leur groupe. Ces désignations sont communiquées au Bureau interparlementaire, et par celui-ci à la Conférence. Les fonctions de membre du Conseil durent d'une Conférence à la suivante.

L'un des deux membres au moins doit faire partie du parlement.

En cas de décès ou de démission d'un membre, le groupe qu'il représentait, désigne son remplaçant.

Sont membres honoraires du Conseil, avec voix consultative, les membres de l'Union qui ont présidé les Conférences.

Art. 13.

Les membres du Conseil interparlementaire nouvellement désignés se réunissent à l'issue de la séance d'ouverture de chaque Conférence pour se constituer et nommer leur président.

Art. 14.

Les attributions du Conseil sont les suivantes :

1. Il arrête son règlement ;
2. Il admet comme membres les anciens parlementaires proposés par leur groupe (art. 4) ;
3. Il convoque les Conférences interparlementaires ;
4. Il arrête les propositions qui seront soumises à la Conférence ;
5. Il institue au besoin des commissions d'étude ;

6. Il donne son avis au sujet des propositions de modifications aux statuts ;
7. Il propose le président de la Conférence, ainsi que les vice-présidents ;
8. Il propose les membres du Comité exécutif ;
9. Il donne son préavis au sujet du choix du siège de la prochaine Conférence ;
10. Il nomme le trésorier et le secrétaire général de l'Union ;
11. Il autorise l'acceptation de dons et legs ;
12. Il fixe annuellement le budget des recettes et des dépenses ;
13. Il nomme annuellement deux vérificateurs des comptes et sur leur proposition approuve les comptes du trésorier ;
14. Il prend, en général, toutes mesures propres à réaliser le but de l'Union interparlementaire.

IV. Bureau interparlementaire.

Art. 15.

Le Bureau interparlementaire est l'organe administratif et exécutif de l'Union interparlementaire. Il exerce les fonctions que le Conseil lui délègue, conformément aux statuts.

Art. 16.

Le Bureau interparlementaire est dirigé par un Comité exécutif de cinq membres, appartenant à des groupes différents. Le Président du Conseil en est membre et président de droit. Les autres membres sont nommés par la Conférence parmi les membres du Conseil. Un d'eux sort à chaque Conférence. Il n'est pas rééligible avant deux années, et doit être remplacé par un membre appartenant à un autre groupe.

La première sortie aura lieu à la 17e Conférence.

En cas de décès ou de démission d'un membre du Comité, ou de son élection comme Président du Conseil, le Conseil désigne un remplaçant dont les fonctions durent jusqu'à la prochaine Conférence qui procède à l'élection définitive. Le nouveau membre prend la place du membre à qui il a succédé, dans la série des sorties.

Le Comité arrête son règlement. En cas d'urgence il a le droit de convoquer le Conseil.

Art. 17.

Les attributions du Bureau interparlementaire sont les suivantes :

1. Il tient l'état des groupes nationaux et active leur formation ;
2. Il est l'organe central des groupes interparlementaires nationaux pour tout ce qui concerne leurs relations réciproques ;
3. Il prépare les questions à soumettre au Conseil et aux Conférences, et distribue en temps utile les documents nécessaires ;
4. Il pourvoit à l'exécution des décisions du Conseil et des Conférences ;
5. Il soigne les archives et recueille les documents relatifs à l'arbitrage international, ainsi que les autres documents concernant le but de l'Union,

La gestion du Bureau appartient à un secrétaire général rétribué, nommé par le Conseil.

V. Modifications aux statuts.

Art. 18.

Les propositions de modifications aux statuts doivent être formulées par écrit et envoyées au Bureau interparlementaire au moins trois mois avant la réunion de la Conférence. Le Bureau les communique d'urgence aux groupes nationaux. Il leur communique aussi les propositions éventuelles d'amendement au moins un mois avant la réunion de la Conférence.

RÈGLEMENT

DU

CONSEIL INTERPARLEMENTAIRE

(Arrêté par le Conseil, le 1er Septembre 1910).

Article premier.

Le Conseil interparlementaire se réunit une fois chaque année et, en outre, lorsque son Président ou le Comité exécutif le jugent nécessaire.

Le Président est tenu de le convoquer lorsque six de ses membres le demandent.

Art. 2.

Le Comité fixe les lieu et date de la session, et arrête l'ordre du jour. Il est accompagné des propositions et documents nécessaires.

Un membre peut demander l'insertion d'autres objets à l'ordre du jour.

Un membre empêché peut se faire représenter par un membre de son groupe, muni d'une autorisation à cet effet.

Art. 3.

En cas d'empêchement du Président, le Conseil désigne un président de la session.

Le Secrétaire général tient le procès-verbal, qui est approuvé et signé par le Président. Une copie en est expédiée à chaque membre du Conseil.

Art. 4.

Les décisions sont prises à la majorité des voix.

Les membres du Conseil ou les délégués (art. 2) ont droit chacun à une voix.

Art. 5.

Le Conseil peut instituer des Commissions d'étude.

Art. 6.

Le Bureau interparlementaire est chargé de l'exécution des décisions du Conseil.

Art. 7.

Dans l'intervalle des sessions, le Président du Conseil ou le Comité exécutif consultent au besoin le Conseil par correspondance.

La moitié des groupes représentés au Conseil doit avoir donné des réponses pour qu'il en résulte un vote.

Art. 8.

Le Conseil, sur la proposition du Comité exécutif, arrête le budget annuel des recettes et des dépenses.

Les comptes du trésorier, après vérification, sont approuvés chaque année par le Conseil.

Art. 9.

Le Conseil interparlementaire rend compte chaque année à la Conférence de ses actes et décisions.

RÈGLEMENT
DU
BUREAU INTERPARLEMENTAIRE

(Arrêté par le Conseil, le 1er Septembre 1910).

Article premier.

Le Bureau interparlementaire est l'organe administratif et exécutif de l'Union interparlementaire.

Il exerce les fonctions que le Conseil interparlementaire lui délègue conformément aux statuts.

Art. 2.

La direction du Bureau interparlementaire appartient au Comité exécutif.

Il arrête le programme des travaux à exécuter par le Bureau pendant l'année et le communique au Conseil.

Un de ses membres au moins inspecte le Secrétariat chaque semestre.

Art. 3.

La gestion du Bureau appartient à un Secrétaire général nommé par le Conseil interparlementaire pour une durée de quatre années. Il est rééligible.

Les conditions de son engagement sont arrêtées par le Conseil.

Art. 4.

Le Secrétaire général s'adjoindra, avec l'assentiment du Comité exécutif, les employés nécessaires. Ils seront nommés et révoqués avec l'assentiment du Comité exécutif.

Art. 5.

Le Secrétaire général est tenu de consacrer tout son temps à ses fonctions. Il ne peut être membre d'aucun parlement.

Art. 6.

Le Secrétaire général exerce ses fonctions sous la surveillance du Comité exécutif. Il fait les voyages que le Comité exécutif lui prescrit.

Art. 7.

Le Secrétaire général assiste aux séances du Conseil interparlementaire et du Comité exécutif, avec voix consultative. Il assiste aux Conférences interparlementaires. Il tient les procès-verbaux.

Art. 8.

Le Secrétaire général doit adresser à chaque groupe endéans le mois après la clôture de la Conférence, une circulaire portant la signature du Président de la Conférence et donnant le texte des résolutions adoptées et des nominations faites par la Conférence.

Art. 9.

Le Secrétaire général rend compte chaque année, dans le courant du mois de janvier, au Comité exécutif, des travaux du Bureau, et remet tous les deux mois à chaque membre du Comité un bulletin sommaire.

Art. 10.

Le Conseil interparlementaire exerce la haute surveillance sur le Bureau interparlementaire.

Le compte rendu annuel mentionné à l'article 9 lui est transmis après avoir subi l'examen du Comité.

RÈGLEMENT DE LA TRÉSORERIE

(Arrêté par le Conseil, le 1er Septembre 1910).

Article premier.

Le Trésorier inscrit les recettes du jour où elles sont effectuées et les verse immédiatement, au crédit de l'Union interparlementaire, à la Banque désignée par le Comité exécutif.

Art. 2.

Les fonds nécessaires aux paiements sont retirés au moyen de chèques délivrés par le Trésorier.

Art. 3.

Les traitements, loyers et autres dépenses rentrant dans les limites des crédits alloués au budget seront payés contre simples quittances des intéressés, visées par le Secrétaire général.

Art. 4.

Les autres paiements ont lieu sur mandats émis par le Secrétaire général et visés par le Président du Conseil.

Art. 5.

Chaque année, avant le 15 janvier, le Trésorier transmet au Président le compte de l'année précédente. Ce compte, après examen par les vérificateurs, est soumis à l'approbation du Conseil dans sa plus prochaine réunion.

RÈGLEMENT DU COMITÉ EXÉCUTIF

(Arrêté par le Comité, le 2 Novembre 1909)

Article premier.

Le Comité exécutif est présidé par le Président du Conseil interparlementaire. En cas d'empêchement il est remplacé par un Président nommé pour la séance.

Le Secrétaire général tient le procès-verbal, qui est approuvé et signé par le Président. Une copie en est expédiée après la séance à chaque membre du Comité.

Art. 2.

Le Comité prend ses décisions en séance. En cas d'urgence le Président pourra consulter les membres du Comité par correspondance.

Trois réponses au moins devront être reçues pour qu'il en résulte un vote.

Art. 3.

Le Comité exécutif tient séance chaque fois que le Président le juge nécessaire ou à la demande de deux membres. Le Comité ne peut délibérer que si trois de ses membres sont présents.

Art. 4.

Le Trésorier de l'Union sera convoqué aux réunions du Comité avec voix consultative.

Art. 5.

Le Comité exécutif a la direction du Bureau interparlementaire.

Le Président a la surveillance générale des travaux du Bureau.

Les quatre autres membres du Comité se distribuent le travail, de sorte que chacun d'eux surveille une des branches ci-après de l'activité du Bureau :

1° Questions d'organisation relativement à la formation de groupes nouveaux et à la réorganisation de groupes existants ; relations des groupes avec le Bureau ; voyages du Secrétaire général ;

2° Relations de l'Union avec les Gouvernements et avec les Conférences diplomatiques ;

3° Préparations des Conférences interparlementaires ; questions à étudier ; commissions d'étude ; publications ;

4° Actions à suggérer aux groupes dans leurs parlements ; relations des groupes entre eux ; unions spéciales ; visites parlementaires.

Art. 6.

Le sort règle l'ordre de sortie des membres du Comité.

CONSEIL INTERPARLEMENTAIRE

EXERCICE 1910-1912

depuis la seizième jusqu'à la dix-septième Conférence.

(Liste mise à jour jusqu'au 1912)

Président du Conseil : M. A. BEERNAERT, Ministre d'État belge.

Membres délégués par les Groupes :

Allemagne : M. RICHARD EICKHOFF, Membre de la Chambre des Députés prussienne, Remscheid (A Berlin : Linkstrasse, 33/34, W. 9) ;

M. le Dr HAUPTMANN, Membre de la Chambre des Députés prussienne, Gr. Lichterfelde, Berlin, W., Holbeinstrasse, 9.

Amérique : M. RICHARD BARTHOLDT, Membre du Congrès, House of Representatives, Washington, D. C. ;

M. THÉODORE BURTON, Sénateur, Senate, Washington, D. C.

Autriche : S. Ex. le Baron E. DE PLENER, Membre de la Chambre des Seigneurs du Reichsrath, Herrengasse, 23, Vienne ;

M. le Chevalier DE ROSZKOWSKI, ancien Député, Lemberg, Dlugoszgasse, 20.

Belgique : M. A. BEERNAERT, Ministre d'Etat, Membre de la Chambre des Représentants, 11, rue d'Arlon, Bruxelles, *Président du Conseil ;*

M. A. HOUZEAU DE LEHAIE, Sénateur, Mons-Ermitage, *Trésorier de l'Union.*

Danemark : M. FREDRIK BAJER, ancien Député, Korsgade, 56, Copenhague, N. ;

M. le Dr MOLTESEN, Député, Jernbanevej, 2, Charlottenlund, par Copenhague.

Espagne : DON SEGISMUNDO MORET, Député, Madrid ;

DON EDUARDO DATO, Député, 83, Alcalà, Madrid.

France : M. E. LABICHE, ancien Sénateur, 28, rue du Luxembourg, Paris ;

M. le Comte DE LA BATUT, Sénateur, 59, avenue Victor-Hugo, Paris.

Grande-Bretagne : RT. HON. LORD WEARDALE, Carlton Gardens, 3, London, S. W. ;

M. V. DUNCAN PIRIE, M. P., House of Commons, London, S. W.

Grèce : M. K. MAVROMICHALIS, ancien Président du Conseil des Ministres, Athènes ;

M. G. BALTAZZI, ancien Ministre des Affaires étrangères, Athènes.

Hongrie : M. le Comte ALBERT APPONYI, Député, Budapest ;

M. EDMOND DE MIKLOS, Membre de la Chambre des Magnats, Budapest.

Italie : M. le Comte C. A. DE SONNAZ, Sénateur, via Goito, 56, Rome ;

M. le Marquis CARLO COMPANS, Député, Turin.

Japon : M. WATANABÉ, Député, Tokyo ;

M. MIYAKO, Député, Tokyo ;

Norvège : M. H. HORST, ancien Député, Oskarsgate, 60, Kristiania ;

M. F. MICHELET, Député, Kristiania.

Pays-Bas : M. M. TYDEMAN, Membre de la 2e Chambre des Etats-Généraux, Breda ;

M. VAN DER DOES DE VILLEBOIS, Membre de la 1re Chambre des Etats-Généraux, Bois-le-Duc.

Portugal : M. MAGALHAES LIMA, Sénateur, Lisbonne ;

M. le Comte DE PENHA GARCIA, ancien Député, Villa Mary, Grange Canal, Genève.

Roumanie : M. C. G. DISSESCO, Sénateur, Calea Victoriei, 218, Bucarest ;

M. ALEXANDRE CONSTANTINESCO, Sénateur, Str. Rotari, 13, Bucarest.

Russie : M. JEAN EFREMOFF, Membre de la Douma, Tavritcheskaïa, 7, Saint-Pétersbourg ;

M. MAXIME KOVALEVSKY, Membre du Conseil de l'Empire, Saint-Pétersbourg.

Serbie : M. L. STOYANOVITCH, Député, Belgrade ;

M. le Dr V. MARINKOVITCH, Député, Belgrade.

Suède : M. ERNEST BECKMAN, Sénateur, Djursholm par Stockholm ;

M. EDVARD WAVRINSKY, Sénateur, Experimentalfältet, Stockholm.

Suisse : M. le Dr ALBERT GOBAT, Conseiller national, Pavillonweg, 7, Berne ;

M. SCHERRER-FÜLLEMAN, Conseiller national, St-Gall.

Turquie : M. SULEIMAN BOSTANI EFFENDI, Sénateur, Constantinople ;

M. AHMED NESSIMI BEY, Député, Constantinople.

Membres honoraires (1) :

M. FRÉDÉRIC PASSY, ancien Député, Membre de l'Institut, Président de la première conférence interparlementaire, Paris, 1889 ;

M. E.-N. RAHUSEN, ancien Membre de la première Chambre des Etats-Généraux, Président de la cinquième Conférence interparlementaire, La Haye, 1894 ;

M. le Baron DESCAMPS-DAVID, Sénateur, Louvain, Président de la sixième Conférence interparlementaire, Bruxelles, 1895 ;

M. JOHN LUND, ancien Membre du Storthing, Bergen, Président de la neuvième Conférence interparlementaire, Kristiania, 1899 ;

M. ARMAND FALLIÈRES, Président de la République française, Paris, Président de la dixième Conférence interparlementaire, Paris, 1900 ;

Le prince DE SCHÖNAICH-CAROLATH, Député au Reichstag, Président de la quinzième Conférence interparlementaire, Berlin, 1908.

---

(1) Art. 12 des Statuts : « Sont membres honoraires du Conseil, avec voix consultative, les Membres de l'Union qui ont présidé les Conférences. »

Comité Exécutif

MM. A. Beernaert, Président ;
Ernest Beckman (Suède), 1er Membre sortant ;
E. Labiche (France), 2e Membre sortant ;
M. Tydeman (Pays-Bas), 4e Membre sortant ;
Lord Weardale (Grande-Bretagne), 3e Membre sortant.

Trésorier de l'Union : M. A. Houzeau de Lehaie, Sénateur, Mons-Ermitage, Belgique.

Vérificateurs des Comptes
(pour 1912)

MM. Richard Eickhoff (Allemagne) ;
Edvard Wavrinsky (Suède).

Secrétaire général de l'Union : M. Chr. L. Lange, avenue de Longchamps, 251, Uccle-Bruxelles. Adresse télégraphique : « Interparlement, Bruxelles ». Téléphone : *Sablon* 1821.

TABLE DES MATIÈRES

* * *

Préface par M. d'Estournelles de Constant. 5

PREMIÈRE PARTIE

LE GROUPE INTERPARLEMENTAIRE FRANÇAIS DE L'ARBITRAGE INTERNATIONALE

Extrait du programme adopté dans la séance du 26 Mars 1903. 11

Liste des Membres et composition du Bureau au 15 Janvier 1912. 15

Résumé des procès-verbaux des huit séances tenues pendant l'année 1911 25

Situation de la caisse au 15 Novembre 1910. . . . 28

id. 1er Décembre 1911. . . . 32

GRAPHIQUES

Cartes des circonscriptions représentées au Groupe pendant les législatures 1906-1910 et 1910-1914. 24

DEUXIÈME PARTIE

L'Union Interparlementaire. 35
Statuts de l'Union Interparlementaire. 37
Règlement du Conseil Interparlementaire. 44
Règlement du Bureau Interparlementaire. 46
Règlement de la Trésorerie. 48
Règlement du Comité exécutif. 49
Composition du Conseil Interparlementaire en 1912. 51

LA FLÈCHE. — IMPRIMERIE CHARIER-BEULAY.

DERNIÈRES PUBLICATIONS DE LA CONCILIATION

ANNÉE 1909

1. L'ACCORD DES DEUX AMÉRIQUES, par M. Joachim Nabuco.
2. L'ALLEMAGNE & L'ARBITRAGE, par M. le Pr R. Eickhoff.
3. **POUR L'AVIATION,** 1 volume in-18, de 320 pages, illustré de 40 gravures hors texte.
4. LA CONCILIATION ET LE SYSTÈME MÉTRIQUE. — LE DINER FOERSTER DU 23 MARS 1909.
5. L'ASSEMBLÉE GÉNÉRALE DU 24 MARS 1909.
6. LE RAPPROCHEMENT FRANCO-ALLEMAND, CONDITION DE LA PAIX DU MONDE, par M. d'Estournelles de Constant.
7. LA FAUSSE ROUTE, par M. Andrew Carnegie.
   LA DIPLOMATIE DU DROIT, par M. Léon Bourgeois.
8. RÉCEPTION DE M. A. CARNEGIE A LA SORBONNE (26 mai 1909).
   LA FONDATION CARNEGIE (Lettres et décrets constitutifs).
9. L'AUGMENTATION DES ARMEMENTS, par M. Andrew Carnegie et M. d'Estournelles de Constant.
10. LES PARLEMENTAIRES RUSSES & OTTOMANS EN FRANCE, 1 vol. in-18 de 140 pages, avec carte et gravure.
11. **L'AVIATION TRIOMPHANTE,** 1 volume in-18 de 420 pages, illustré de 36 gravures hors texte.
12. **LES PARLEMENTAIRES FRANÇAIS EN SCANDINAVIE,** 1 vol. in-18 de 444 pages, illustré de 44 gravures.

ANNÉE 1910

1. LE PARLEMENTAIRE ET LE DIPLOMATE, par M. d'Estournelles de Constant, Sénateur.
2. BENJAMIN CONSTANT & LA PAIX, (réédition de « l'Esprit de Conquête », avec une introduction de M. d'Estournelles de Constant.
3. **NOTRE VISITE AU PARLEMENT RUSSE,** 1 vol. in-18, de 312 pages, illustré de 30 gravures hors-texte.
4. L'ASSEMBLÉE GÉNÉRALE DU 18 MARS 1910.
5. LA PROPAGANDE PACIFIQUE AU JAPON. — Rapports de M. le Dr Tsunejiro Miyaoka, Secrétaire général de la Conciliation Internationale au Japon, pour 1910.
6. LA PROTESTATION DU Pr N. MURRAY BUTLER. — Protestation contre l'accroissement général des dépenses de guerre.
7. LA LANGUE INTERNATIONALE AUXILIAIRE DE L'AVENIR, par M. Jacques Novicow.
8. LES FEMMES & LA PAIX, par M. d'Estournelles de Constant.
9. L'ORGANISATION DE L'UNION INTERPARLEMENTAIRE, par M. d'Estournelles de Constant.
10. LES PROGRÈS DE L'ARBITRAGE A L'EXPOSITION DE BRUXELLES, (avec graphiques), par M. Charles Duffart.
11. LE REMÈDE A LA PAIX ARMÉE ; LA FRANCE & L'ALLEMAGNE, par M. d'Estournelles de Constant.
    LE DÉVELOPPEMENT RÉCENT DU PACIFISME ALLEMAND, par M. Alfred H. Fried.
12. LA POLITIQUE EXTÉRIEURE DE LA FRANCE. — LE RESPECT DES AUTRES RACES, par M. d'Estournelles de Constant.

COLLECTION DE LA CONCILIATION INTERNATIONALE

NOTICE BIOGRAPHIQUE, par G. Rudler.

I. INTÉRÊTS NATIONAUX

CONTRE LA REPRÉSENTATION COLONIALE. — CONTRE LA PORNOGRAPHIE. — POUR L'AGRICULTURE. — POUR LES TRANSPORTS. — POUR LA LOIRE NAVIGABLE. — LES CONFÉRENCES CONSULAIRES. — PROGRAMME DU COMITÉ DE DÉFENSE DES INTÉRÊTS NATIONAUX. — ÊTRE UTILE. — LA FORÊT, par M. d'Estournelles de Constant.

II. GROUPE INTERPARLEMENTAIRE DE L'ARBITRAGE ET CONCILIATION INTERNATIONALE

PROGRAMME DU GROUPE PARLEMENTAIRE FRANÇAIS DE L'ARBITRAGE INTERNATIONAL. — PROGRAMME DE LA SOCIÉTÉ DE CONCILIATION INTERNATIONALE. — LE PÉRIL PROCHAIN. L'EUROPE ET SES RIVAUX. — CONCURRENCE ET CHOMAGE. — LE PÉRIL JAUNE. — L'ALSACE-LORRAINE. — LE TRANSVAAL ET L'EUROPE DIVISÉE. — VERS LA FÉDÉRATION EUROPÉENNE. — DISCOURS DE BUDA-PESTH (1901), DE CHICAGO (1902), DE LONDRES (1903). — LE RAPPROCHEMENT FRANCO-ANGLAIS. — LE MOUVEMENT PACIFIQUE. — LA CONCILIATION INTERNATIONALE. — LA RÉCEPTION DES PARLEMENTAIRES SCANDINAVES EN 1904. — L'ORGANISATION DE LA PAIX. — LA POLITIQUE DES TEMPS NOUVEAUX. — LE MENSONGE DU PACIFISME. — POUR LA LIMITATION DES DÉPENSES NAVALES. — LA FRANCE POURRAIT-ELLE S'ENTENDRE AVEC L'ALLEMAGNE ? — LES DEUX POLITIQUES. — LE PROBLÈME DE LA PAIX. — POUR L'ARBITRAGE. — LIMITATION DES ARMEMENTS. — L'ENTENTE CORDIALE EST UN COMMENCEMENT. — LE DISCOURS DE PITTSBURGH (1907). — LA SANCTION DU DROIT INTERNATIONAL. — L'ENTENTE CORDIALE FRANCO-AMÉRICAINE. — LA VISITE DE LONDRES.

NOS BULLETINS. — AVRIL ET NOVEMBRE 1906 ; MARS 1907 ; JANVIER, MAI, JUILLET, OCTOBRE 1908. — NOS BULLETINS MENSUELS DE 1909 ET 1910 (voir au dos). — NOS BULLETINS TRIMESTRIELS DE 1911 : 1. L'Assemblée générale de 1911. — 2. Le discours du Pt N. M. Butler. — 3. Le Dr Quidde et l'organisation de l'Union Interparlementaire. — 4. Le nouveau rapport de l'Union Interparlementaire sur les armements.

EN PRÉPARATION

NOS BULLETINS TRIMESTRIELS DE 1912.

UNE CAMPAGNE DE CONFÉRENCES AUX ÉTATS-UNIS (mars-avril-mai-juin 1911), 1 vol. in-18, par M. d'Estournelles de Constant.

LETTRES DES DEUX CONFÉRENCES DE LA HAYE (1899-1907), 1 vol. in-18, par M. d'Estournelles de Constant.

LA FLÈCHE. — IMPRIMERIE CHARIER-BEULAY.

www.ingramcontent.com/pod-product-compliance
Lightning Source LLC
LaVergne TN
LVHW010037230826
846091LV00005B/1744

* 9 7 8 2 0 1 3 7 6 1 4 5 1 *